# BEI GRIN MACHT SICH IHR WISSEN BEZAHLT

- Wir veröffentlichen Ihre Hausarbeit,
  Bachelor- und Masterarbeit

- Ihr eigenes eBook und Buch -
  weltweit in allen wichtigen Shops

- Verdienen Sie an jedem Verkauf

## Jetzt bei www.GRIN.com hochladen und kostenlos publizieren

**Bibliografische Information der Deutschen Nationalbibliothek:**

Die Deutsche Bibliothek verzeichnet diese Publikation in der Deutschen National-
bibliografie; detaillierte bibliografische Daten sind im Internet über http://dnb.d-
nb.de/ abrufbar.

**Impressum:**

Copyright © 2017 GRIN Verlag
Druck und Bindung: Books on Demand GmbH, Norderstedt Germany
ISBN: 9783668974784

**Dieses Buch bei GRIN:**

https://www.grin.com/document/490211

Christian Lehnert

# Dehnung und Beweglichkeitstraining. Trainingslehre

GRIN Verlag

**GRIN - Your knowledge has value**

Der GRIN Verlag publiziert seit 1998 wissenschaftliche Arbeiten von Studenten, Hochschullehrern und anderen Akademikern als eBook und gedrucktes Buch. Die Verlagswebsite www.grin.com ist die ideale Plattform zur Veröffentlichung von Hausarbeiten, Abschlussarbeiten, wissenschaftlichen Aufsätzen, Dissertationen und Fachbüchern.

**Besuchen Sie uns im Internet:**

http://www.grin.com/

http://www.facebook.com/grincom

http://www.twitter.com/grin_com

Deutsche Hochschule für
Prävention und Gesundheitsmanagement
Hermann Neuberger Sportschule 3
66123 Saarbrücken

# Einsendeaufgabe

| | |
|---|---|
| **Fachmodul:** | Trainingslehre 3 |
| **Studiengang:** | Fitnessökonomie |
| **Datum Präsenzphase:** | 27.11.2017 - 29.11.2017 |
| **Name, Vorname:** | Lehnert, Christian |
| **Studienort:** | **Berlin** |
| **Semester:** | **WS15** |

# Inhaltsverzeichnis

# 1 Personendaten

In der folgenden Tabelle wird eine Datensammlung zur Person X dargestellt.

Tab.1: Datensammlung zur Person X

| | Daten zur Person X | Bewertung |
|---|---|---|
| Alter | 21 Jahre | - |
| Geschlecht | männlich | - |
| Körpergröße | 190 cm | BMI = 22,2 |
| Körpergewicht | 80 kg | = Normalgewicht (18,5 bis < 25) |
| Trainingsmotive | - Stressabbau | - |
| | - allgemeine Ausdauer verbessern | |
| | - Fettreduzierung | |
| berufliche Tätigkeit | Student | - |
| aktuelle sportliche Aktivität | Fußball seit 15 Jahren | 1x pro Woche / 90 min |
| - Leistungsstufe | > | Fortgeschritten |
| | Fitnesstraining seit 1 Jahr | 1-2 pro Woche / je 90 min |
| - Leistungsstufe | > | Geübter |
| frühere sportliche Aktivität | Hockey | 1-2 pro Woche / je 60 min |
| - Leistungsstufe | > | Geübter |
| zeitlicher Verfügungsrahmen | 3x pro Woche / je 45 - 120 min | - |
| orthopädische Probleme | keine | voll belastbar |
| internistische Probleme | keine | voll belastbar |
| ärztliche Behandlungen | keine | voll belastbar |
| Einnahme von Medikamenten | keine | voll belastbar |
| gesundheitliche Einschränkungen | keine | voll belastbar |

# 2 Beweglichkeitstestung

Die nun kommende Tabelle zeigt die Durchführung eines manuellen Beweglichkeits-tests.

Tab.2: Durchführung manueller Beweglichkeitstest (nach Janda, 2000)

| Testübung | Testdurchführung | Normwerte | Ergebnisse |
|---|---|---|---|
| 1<br><br>Brustmuskulatur<br><br>(M. pectoralis major) | Die Person X liegt in Rückenlage mit angewinkelten Beinen auf einer Behandlungsliege. Die Lendenwirbelsäule liegt auf und bleibt zusammen mit dem Becken fixiert. Im Schultergelenk erfolgt eine Abduktion auf 90° und eine Außenrotation. Das Ellenbogengelenk wird 90° gebeugt. Es wird die Position des Oberarmes zur Horizontalen gemessen. | Stufe 0: Oberarm erreicht die Horizontale<br><br>Stufe 1: Oberarm erreicht die Horizontale nicht<br><br>Stufe 2: Oberarm erreicht die Horizontale durch Druck des Testers nicht | rechts: 0<br>links: 0 |
| 2<br><br>Hüftbeugemuskulatur<br><br>(M. iliopsoas) | Die Person X liegt in Rückenlage auf der Behandlungsliege, sodass die Beine ab Gesäß abhängen. Ein Bein wird angewinkelt zum Körper maximal herangezogen. Beobachtet wird hier die Hüftbeugung des abhängenden Beines. | Stufe 0: Oberschenkel erreicht Horizontale<br><br>Stufe 1: Oberschenkel erreicht die Horizontale durch leichten Druck des Testers<br><br>Stufe 2: Oberschenkel erreicht die Horizontale durch leichten Druck des Testers nicht | rechts: 0<br>links: 0 |

| Testübung | Testdurchführung | Normwerte | Ergebnisse |
|---|---|---|---|
| 3<br>Kniestreckmuskulatur<br>(M. rectus femoris) | Die Person X liegt in Rückenlage auf der Behandlungsliege, sodass die Beine ab Gesäß abhängen. Ein Bein wird angewinkelt zum Körper maximal herangezogen. Das abhängende Bein wird durch den Tester maximal im Kniegelenk gebeugt. Der Winkel zwischen Ober- und Unterschenkel wird gemessen. | Stufe 0:<br>Unterschenkel hängt senkrecht herab<br>Stufe 1:<br>Unterschenkel ist leicht nach vorn gestreckt<br>Stufe 2:<br>Unterschenkel ist deutlich nach vorn gestreckt | rechts: 1<br>links: 1 |
| 4<br>Kniebeugemuskulatur<br>(Mm. ischiocrurales) | Die Person X liegt in Rückenlage auf der Behandlungsliege und die Beine sind vorerst rechtwinklig angestellt. Nun nimmt der Tester ein Bein, welches im Kniegelenk gestreckt wird und im Hüftgelenk maximal gebeugt wird. | Stufe 0: Flexion im Hüftgelenk 90° möglich<br>Stufe 1: Flexion im Hüftgelenk zwischen 80-90° möglich<br>Stufe 2: Flexion im Hüftgelenk unter 80° möglich | rechts: 1<br>links: 1 |
| 5<br>Wadenmuskulatur<br>(Mm. triceps surae) | Die Person X liegt in Rückenlage auf der Behandlungsliege. Ein Bein ist rechtwinklig angestellt und das andere Bein, welches auch getestet wird, ist gestreckt. Das gestreckte Bein wird vom Testenden am Fersenbein gegriffen und die andere Hand greift an der Fußaußenkante. Es wird ein Zug distalwärts ausgeübt und die andere Hand drückt den Vorfuß leicht zum Schienbein. | Stufe 0: 90° zwischen Fuß und Unterschenkel<br>Stufe 1: 0° Stellung wird nicht erreicht<br>Stufe 2: Dorsalextension nur bis 10° unterhalb der 0°-Stellung möglich | rechts: 0<br>links: 0 |

Die absolvierten Tests geben uns jetzt einen Überblick über ihre Beweglichkeit. Anhand dieser Ergebnisse wird nun ein gezieltes Beweglichkeits- und Koordinationstraining erstellt, welches das Augenmerk auf die Kniebeuge- und Kniestreckmuskulatur legt. Bei diesen Tests wurden kleine Defizite in der Beweglichkeit festgestellt.

# 3 Trainingsplanung Beweglichkeitstraining

Die nachfolgende Tabelle zeigt die Übungen, die im Beweglichkeitstraining für die Person X ausgewählt worden sind, um ihre Beweglichkeitsdefizite zu verbessern.

Tab.3: Trainingsplanung Beweglichkeitstraining für Person X

| Dehnübung | Zielmuskulatur | Dehnmethode | Durchführung |
|---|---|---|---|
| 1 Dehnung vordere Oberschenkel- muskulatur | M. quadriceps femoris (vierköpfiger Oberschenkelmus- kel) | passiv-statisch | Die Person X nimmt einen aufrechten Stand ein. Das Standbein ist leicht gebeugt und das andere Bein wird knapp über dem Sprunggelenk gefasst und zum Gesäß gezogen. Die Oberschenkel befinden sich in einer Parallelen. Die Dehnposition wird gehalten. |
| 2 Dehnung Brustmuskulatur | M. pectoralis major (großer Brustmuskel) M. biceps brachii (zweiköpfiger Oberarmmuskel) M. deltoideus pars clavicularis (Deltamuskel, vorderer Anteil) | aktiv-dynamisch | Die Person X nimmt einen aufrechten Stand ein. Hinter dem Körper werden die Hände verschränkt wobei die Arme dabei gestreckt bleiben. Die Schultern bleiben tief, Körperhaltung bleibt bestehen und die Arme werden angehoben und wieder abgesenkt. |
| 3 Dehnung Nackenmus- kulatur | M. trapezius pars descendes (Trapezmuskel, oberer Anteil) | aktiv-statisch | Die Person X nimmt einen aufrechten Stand ein. Der Kopf wird leicht zu einer Seite geneigt. Auf der gegenüberliegenden Seite drückt die Schulter leicht nach unten. Der Blick bleibt immer geradeaus und die Position wird gehalten. |

| Dehnübung | Zielmuskulatur | Dehnmethode | Durchführung |
|---|---|---|---|
| 4<br>Dehnung seitliche Rumpfmuskulatur | M. latissimus dorsi (breiter Rückenmuskel)<br>M. obliquus externus abdominis (äußerer schräger Bauchmuskel)<br>M. obliquus internus abdominis (innerer schräger Bauchmuskel) | aktiv-dynamisch | Die Person X nimmt einen aufrechten Stand ein, bei dem die Beine hüftbreit aufgestellt sind. Nun werden die Arme gestreckt über dem Kopf zusammengeführt. Aus dieser Ausgangsposition erfolgt eine seitliche Neigung. Die Beine bleiben am Boden und die Arme werden nach der Seitneigung zurück in die Ausgangsposition geführt und wieder zur gleichen Seite abgeneigt. |
| 5<br>Dehnung der Hüftbeugemuskulatur | M. iliopsoas (Lendendarmbein-muskel<br>M. rectus femoris (gerader Ober-schenkelmuskel) | aktiv-statisch | Die Person X nimmt einen Kniestand auf der Matte ein. Ein Bein wird vor dem Körper aufgestellt. Der hintere Fuß wird gestreckt, sodass der Unterschenkel aufliegt. Der Oberkörper bleibt aufrecht und wird auf dem vorderen Bein mit den Händen abgestützt. Das vordere Knie wird soweit nach vorn geführt, dass das vordere Knie nicht über die Zehenspitzen führt. Diese Position wird gehalten. |
| 6<br>Dehnung Rückenstrecker | Mm. erector spinae (autochthone Rückenmuskulatur) | aktiv-statisch | Die Person X befindet sich im Vierfüßlerstand. Es wird die Bauchmuskulatur angespannt und die Wirbelsäule wird nach oben geführt, sodass ein Wölbung entsteht. |

| Dehnübung | Zielmuskulatur | Dehnmethode | Durchführung |
|---|---|---|---|
| 7 Dehnung mediale Oberschenkel-muskulatur Adduktoren | M. adductor brevis (kurzer Schenkelanzieher) M. adductor longus (langer Schenkelanzieher) M. adductor magnus (großer Schenkelanzieher) M. gracilis (schlanker Muskel) M. pectineus (Kammmuskel) | aktiv-dynamisch | Die Person X befindet sich in einer Sitzposition auf einer Matte. Die Beine sind gestreckt und leicht nach außen abgespreizt. Der Oberkörper ist aufrecht und wird langsam nach vorn geführt und dann wieder zurück in die Ausgangsposition geführt. |
| 8 Dehnung der rückseitigen Oberschenkel-muskulatur | M. biceps femoris (zweiköpfiger Oberschenkelmus-kel) M. semimembranosus (Plattsehnenmus-kel) M. semitendinosus (Halbsehnenmus-kel) | aktiv-dynamisch | Die Person X liegt in Rückenlage auf der Matte. Ein Bein wird angewinkelt auf den Boden gestellt. Das andere Bein wird an der Oberschenkelrückseite umfasst und zum Oberkörper gezogen. Das selbige Bein wird nun im Kniegelenk gestreckt und wieder gebeugt. |
| 9 Dehnung der Adduktoren | M adductor brevis (kurzer Schenkelanzieher) M. adductor longus (langer Schenkelanzieher) M. adductor magnus (großer Schenkelanzieher) M. gracilis (schlanker Muskel) M. pectineus (Kammmuskel) | passiv-postisometrisch | Die Person X befindet sich in einer Sitzposition auf einer Matte. Die Kniegelenke sind gebeugt und beide Fußsohlen werden zusammengeführt. Die Knie werden durch Druck der Hände oder Ellenbogen leicht nach unten gedrückt, gehalten und wieder losgelassen, kurz gehalten und danach wieder nach unten gedrückt. |

| Dehnübung | Zielmuskulatur | Dehnmethode | Durchführung |
|---|---|---|---|
| 10 Dehnung der Wadenmuskulatur | M. triceps surae (dreiköpfiger Wadenmuskel) M. gastrocnemius caput mediale (Zwillingswadenmuskel innerer Muskelkopf) M. gastrocnemius caput laterale (Zwillingswadenmuskel seitlicher Muskelkopf) | passiv-dynamisch | Die Person X befindet sich in der Schrittposition und steht einem Partner, der die selbige Position einnimmt gegenüber. Das Gewicht wird auf den vorderen Fuß verlagert und die Hände drücken gegenseitig gegeneinander. Der hintere Fuß bleibt am Boden. Verstärkt wird die Dehnung, indem die Schrittstellung größer eingenommen wird. Der Druck wird kurzzeitig aufgenommen und dann wieder gelöst. |

## 3.1 Belastungsgefüge

### 3.1.1 Trainingshäufigkeit pro Woche

Die Trainingshäufigkeit pro Woche ist zeitlich gesehen abhängig vom Zeitplan der Person X. Dieser weist allerdings einen flexiblen Zeitrahmen auf. Da die Person zwar schon seit einem Jahr Fitnesstraining betreibt, aber trotzdem als Geübter eingestuft ist, ist es empfehlenswert die Trainingshäufigkeit vorerst auf 2-3 Mal pro Woche zu beschränken. Da die Person schon eine gewisse Beweglichkeit aufweist, wird dieses Ausmaß an Training die Beweglichkeit sichern. Im weiteren Verlauf wird die Trainingseinheit täglich durchgeführt (Rancour, Holmes & Cipriani, 2009).

### 3.1.2 Sätze pro Übung

Bei allen Dehnübungen werden vier Sätze durchgeführt. Der erste ist allerdings ein Aufwärmsatz, der pro Muskelgruppe durchgeführt wird, aber nicht über 5-8 Sekunden dauern sollte (Freiwald, 2000).

### 3.1.3 Dehndauer

Bei den statischen Dehnübungen (Übungen 1, 3, 5 und 6) wird die Dehnung bis zu 45 Sekunden gehalten, da eine längere Dehndauer nicht sinnvoll ist bzw. keinen signifikanten Mehreffekt bringt (Freiwald, 2000).

Bei den dynamischen Übungen (Übungen 2, 4, 7 und 8) werden bei einer langsam moderaten Bewegungsgeschwindigkeit so viele Wiederholungen ausgeführt, bis die Zeit von 45 Sekunden erreicht ist (Freiwald, 2004). Bei der Dehnübung 10 wird die Dehnung für ca. 6-10 Sekunden gehalten, danach für ca. 2-3 Sekunden völlig entspannt und wieder für 10-20 Sekunden in der Dehnposition gehalten (Hohmann, Lames & Letzelter, 2002, S. 100; Sölveborn, 1983, S.13).

### 3.1.4 Intensität

Der größte Effekt bei der Intensität der Dehnübungen wird erreicht, wenn man bis oberhalb seiner Dehngrenze geht. Das heißt im oberen Bereich wo der Dehnschmerz einsetzt und kurz bevor der Gelenkwinkel bei maximal tolerierbarem Dehnschmerz einsetzt (Schönthaler & Ohlendorf, 2002).

## 3.2 Begründung

Für die Person X wurde ein Beweglicheitstraining für den ganzen Körper erstellt. Dies hat den Grund, dass die Person X in ihren Aktivitäten Fitnesstraining und Fußball viele Muskelgruppen beansprucht. Da sich im Beweglichkeitstest Defizite in der Kniebeuge- und Kniestreckmuskulatur aufzeigten, wurde das Beweglichkeitstraining darauf ausgelegt, die Defizite bestmöglich zu lindern. Das Beweglichkeitstraining soll in diesem Falle erstmal nicht als eigenständiges Training fungieren, sondern nach dem Krafttraining oder einer anderen sportlichen Aktivität ausgeführt werden. Diese Entscheidung wurde deshalb getroffen, da die sportlichen Aktivitäten noch keine intensive laktazide Belastungen hervorrufen und daher als Entspannung und Regeneration stattfinden sollen.

# 4 Trainingsplanung Koordinationstraining

Das nun folgende, in einer Tabelle dargestellte Koordinationstraining beläuft sich auf das Ziel hinaus, dass die Person X einen Fußball mit dem Fuß zielgerichtet zurück spielen kann, während sie auf einem BOSU® Ball springt.

Tab.4: Koordinationstraining

| Übung | Übungsausführung |
|---|---|
| 1<br>Einbeinstand | Die Person X nimmt einen aufrechten Stand ein. Das Standbein ist leicht gebeugt und das andere Bein wird langsam vom Boden abgehoben. Der Bauchnabel wird leicht zur Wirbelsäule gezogen, damit eine Grundspannung im Körper aufrecht gehalten wird. Die Übung wird wechselseitig durchgeführt. |
| 2<br>Einbeinstand mit geschlossenen Augen | Die Person X nimmt einen aufrechten Stand ein. Das Standbein ist leicht gebeugt und das andere Bein wird langsam vom Boden abgehoben. Der Bauchnabel wird leicht zur Wirbelsäule gezogen, damit eine Grundspannung im Körper aufrecht gehalten wird. Nun werden zusätzlich die Augen geschlossen. Die Übung wird wechselseitig durchgeführt. |
| 3<br>Einbeinstand auf einem Balance Pad | Die Person X nimmt einen aufrechten Stand auf einem Balance Pad ein. Das Standbein ist leicht gebeugt und das andere Bein wird langsam vom Balance Pad abgehoben. Der Bauchnabel wird leicht zur Wirbelsäule gezogen, damit eine Grundspannung im Körper aufrecht gehalten wird. Die Übung wird wechselseitig durchgeführt. |
| 4<br>Einbeinstand auf einem Balance Pad mit geschlossenen Augen | Die Person X nimmt einen aufrechten Stand auf einem Balance Pad ein. Das Standbein ist leicht gebeugt und das andere Bein wird langsam vom Balance Pad abgehoben. Der Bauchnabel wird leicht zur Wirbelsäule gezogen, damit eine Grundspannung im Körper aufrecht gehalten wird. Nun werden zusätzlich die Augen geschlossen. Die Übung wird wechselseitig durchgeführt. |
| 5<br>Einbeinstand auf dem BOSU® Ball | Die Person X nimmt einen aufrechten Stand auf dem BOSU® Ball ein. Das Standbein ist leicht gebeugt und das andere Bein wird langsam vom Ball abgehoben. Der Bauchnabel wird leicht zur Wirbelsäule gezogen, damit eine Grundspannung im Körper aufrecht gehalten wird. Die Übung wird wechselseitig durchgeführt. |

| Übung | Übungsausführung |
|---|---|
| 6<br>Einbeinstand auf dem BOSU® Ball mit Fußbewegung | Die Person X nimmt einen aufrechten Stand auf dem BOSU® Ball ein. Das Standbein ist leicht gebeugt und das andere Bein wird langsam vom Ball abgehoben. Der Bauchnabel wird leicht zur Wirbelsäule gezogen, damit eine Grundspannung im Körper aufrecht gehalten wird. Das Standbein bleibt noch leicht gebeugt und das andere Bein wird mit einer leichten Schussbewegung nach vorn gestreckt. Die Übung wird wechselseitig durchgeführt. |
| 7<br>Einbeinstand auf dem BOSU® Ball und den Fußball zurückspielen | Die Person X nimmt einen aufrechten Stand auf dem BOSU® Ball ein. Das Standbein ist leicht gebeugt und das andere Bein wird langsam vom Ball abgehoben. Der Bauchnabel wird leicht zur Wirbelsäule gezogen, damit eine Grundspannung im Körper aufrecht gehalten wird. Das Standbein bleibt noch leicht gebeugt und das andere Bein spielt den zugeworfenen Fußball mit einer leichten Schussbewegung zurück zum Werfenden. Die Übung wird wechselseitig durchgeführt. |
| 8<br>Einbeinsprung auf den BOSU® Ball | Die Person X nimmt einen aufrechten Stand auf dem BOSU® Ball ein. Das Standbein ist leicht gebeugt und das andere Bein wird langsam vom Boden abgehoben. Mit dem Standbein drückt sich die Person X vom Boden ab und landet mittig auf dem BOSU® Ball. Die Grundspannung bleibt aufrecht und die Übung wird wechselseitig durchgeführt. |
| 9<br>Einbeinsprung auf den BOSU® Ball mit Ausholbewegung | Die Person X nimmt einen aufrechten Stand auf dem BOSU® Ball ein. Das Standbein ist leicht gebeugt und das andere Bein wird langsam vom Boden abgehoben. Mit dem Standbein drückt sich die Person X vom Boden ab und landet mittig auf dem BOSU® Ball. Das andere Bein wird mit einer leichten Ausholbewegung nach vorn geführt. Die Grundspannung bleibt aufrecht und die Übung wird wechselseitig durchgeführt. |
| 10<br>Einbeinsprung auf den BOSU® Ball und den Fußball mit dem Fuß zurückspielen | Die Person X nimmt einen aufrechten Stand auf dem BOSU® Ball ein. Das Standbein ist leicht gebeugt und das andere Bein wird langsam vom Boden abgehoben. Mit dem Standbein drückt sich die Person X vom Boden ab und landet mittig auf dem BOSU® Ball. Das andere Bein spielt den zugeworfenen Fußball mit einer leichten Ausholbewegung zurück zum Werfenden. Die Grundspannung bleibt aufrecht und die Übung wird wechselseitig durchgeführt. |

## 4.1 Belastungsgefüge

### 4.1.1 Trainingshäufigkeit pro Woche

Das Koordinationstraining wird auf Grund des relativ flexiblen Verfügungsrahmens der Person X auf 2-3 Mal pro Woche festgelegt. Ein koordinatives Training kann vor jedem Training durchgeführt werden. Vor dem Training ist deshalb wichtig, dass der Körper sich in einem ausgeruhtem und ermüdungsfreien Zustand befinden soll (Chwilkowski, 2006 & Häfelinger & Schuba, 2007).

### 4.1.2 Sätze pro Übung

Nach Chwilkowski & Häfelinger & Schuba wird eine festgelegte Satzanzahl vorgegeben, die bei bis zu 5 Sätzen festgesetzt ist, aber bei einem koordinativen Training etwas in den Hintergrund rückt. Es ist wichtig, dass ein Zusammenhang zwischen den vorgegebenen Zahlen und dem eigenen Belastungsempfinden herrscht, da dieser eine wichtigere Rolle spielt.

### 4.1.3 Satzpausen

Die Satzpausen werden so gewählt, dass der Körper sich in Anpassung an Wiederholungsanzahl und Sätzen, an der Bewegungsqualität und dem subjektiven Empfinden der Person X orientiert. Wissenschaftlich wird eine Pausenzeit von mehr als 45 Sekunden als sinnvoll angesehen (Chwilkowski, 2006 & Häfelinger & Schuba, 2007).

### 4.1.4 Belastungsdauer

Die Belastungsdauer beträgt bei der statischen Bewegungsausführung 5-60 Sekunden und bei einer dynamischen Bewegungsausführung 5-30 Wiederholungen (Chwilkowski, 2006 & Häfelinger & Schuba, 2007). Sobald die erste Ermüdungserscheinung eintritt, ist die Übung abzubrechen.

## 4.2 Begründung

Das koordinative Training wurde an die Person X angepasst. Eine genaue Belastungs-vorgabe kann allerdings nicht getroffen werden, da das subjektive Belastungsempfinden der Person X einen großen Teil dazu beiträgt, allerdings auch unter Aufsicht des Trai-ners. Die einzelnen Übungen wurden methodisch nach dem Prinzip vom leichten zum schweren ausgewählt, da die Person X sich noch in der Leistungsstufe „Geübter", was das Fitnesstraining betrifft, befindet. Durch solch didaktische Prinzipien lässt sich die Koordination verbessern. Die Zielübung wurde auch so ausgewählt, damit die Person X die angeeigneten Fähigkeiten im Wettbewerb umsetzten kann, um bestmögliche Ergeb-nisse zu erzielen.

# 5 Literaturrecherche

In der nachfolgenden Tabelle werden zwei wissenschaftliche Studien zum Thema „Effekte des Dehnens im Hinblick auf eine Verbesserung der sportlichen Leistungsfähigkeit" vorgestellt.

Tab.5: Effekte des Dehnens im Hinblick auf eine Verbesserung der sportlichen Leistungsfähigkeit

| Wer hat die Studie durchgeführt ? | |
|---|---|
| Ferger, K.<br>Moritz, C. | Wiemeyer, J. |
| **In welchem Jahr wurden die Studien publiziert ?** | |
| März 2017 | 2003 |
| **Mit welchen Versuchspersonen wurden die Studien durchgeführt ?** | |
| - 21 Sportstudierende (19 Männer und 2 Frauen)<br>- Durchschnittsalter von 24 Jahren | - 14 Erwachsene (8 Männer und 6 Frauen)<br>- Durchschnittsalter von 21 Jahren |
| **Wie sah der Versuchsaufbau der Studien aus ?** | |
| - die 21 Teilnehmer wurden in drei Gruppen eingeteilt<br>- Gruppe 1 Maximaler Sprint (6 Männer, 1 Frau)<br>- Gruppe 2 explosiver Kniehub (6 Männer, 1 Frau)<br>- Gruppe 3 Dauerlauf (7 Männer)<br>- zuerst wurde ein Vortest durchgeführt, der aus drei Squat-Jumps bestand und für jede Gruppe gleich war<br>- danach folge ein statisches Dehnen von 8 Minuten (3x20 Sekunden) und ein erster Nachtest mit wieder drei Squat-Jumps<br>- das statische Dehnen und auch der erste Nachtest waren für alle Gruppen identisch<br>- jede Gruppe durchlief nun ihre eigenen Kompensationsmaßnahmen<br>- bei Gruppe 1 folgten nun drei maximale Sprints über 30 Meter mit einer Pausenzeit von 30 Sekunden | - die Muskulaturen M. gluteus maximus, M. quadriceps femoris und der M. gastrocnemius wurden beidseitig für je dreimal gedehnt<br>- die Dehnung erfolgte passiv-statisch<br>- die Studie wurde über zwei Tage durchgeführt und in eine A-Phase und eine B-Phase gegliedert<br>- die A-Phase beinhaltete vier Standhochsprünge, danach ein 5-minütiges Aufwärmen, vier Standhochsprünge, das 6-minütige statische Dehnen (die oben genannten Muskulaturen jeweils dreimal für 20 Sekunden halten) und wieder vier Standhochsprünge<br>- die B-Phase beinhaltete vier Standhochsprünge, danach ein 5-minütiges Aufwärmen, vier Standhochsprünge, eine 6-minütige Entspannung (Atemspannungsübungen) und wieder vier Standhochsprünge |

## Wie sah der Versuchsaufbau der Studien aus ?

- bei Gruppe 2 wurden drei Sätze explosive Kniehübe mit einer Wiederholungszahl von 20 und einer Pause von 30 Sekunden zwischen den Sätzen durchgeführt
- Gruppe 3 absolvierte einen 10-minütigen Lauf in einem frei gewähltem Tempo
- alle Gruppen unterzogen sich wieder einem zweiten Nachtest, der aus drei Squat-Jumps bestand
- die Sprunghöhen wurden mit einer Bearbeitungssoftware gemessen
- von den drei Squat-Jumps wurde jeweils das arithmetische Mittel gebildet
- bei der Dehnung wurden vorrangig die Muskulaturen M. quadriceps femoris, M. gastrocnemius, M. gluteus maximus und M. ischiocrurales (bis der Dehnreiz) einsetzt gedehnt
- Verminderung der Sprunghöhe in allen Gruppen von Vortest zum ersten Nachtest

- eine Hälfte der Versuchspersonen begannen an Tag 1 mit der A-Phase und die andere Hälfte mit der B-Phase
- an Tag 2 wurde die Phase gewechselt
- die Höhe der vier Standhochsprünge wurde seitlich zur Wand abgemessen
- aus den vier abgemessenen Werten wurde der Mittelwert errechnet
- daraufhin wurden die Testergebnisse ausgewertet und mit den Testergebnissen der anderen Standhochsprüngen, aus der anderen Phase verglichen

## Welche relevanten Ergebnisse lieferten die Studien ?

- Anstieg der Sprunghöhe vom ersten Nachtest zum zweiten Nachtest
- nach der Dehnung Verminderung der Sprunghöhe bei Gruppe 1 um 6,24%, bei Gruppe 2 um 6,6% und bei Gruppe 3 um 6,92%
- beim zweiten Nachtest gab es eine Steigerung bei Gruppe 1 um 5,29%, bei Gruppe 2 um 6,07% und bei Gruppe drei um 7,87%

- die Sprunghöhe stieg signifikant an beiden Tagen nach dem Erwärmen
- die erreichte Sprunghöhe sank nach der Dehnung um ca. 2,6 % und nach der Entspannung um ca. 2,2 %
- bei neun Versuchspersonen sank die Sprunghöhe nach der Dehnung deutlicher als nach der Entspannung

## Welche relevanten Schlussfolgerungen lieferten die Studien ?

- das statische Dehnen wirkt sich kurzfristig negativ auf die Maximal- und Schnellkraftleistungen aus
- nach einer anschließenden Kompensationsmaßnahme tritt allerdings eine signifikante Steigerung ein

- im Vergleich zu vorliegenden Befunden, konnte man mit dieser Studie bestätigen, dass kurzfristig negative Effekte der Dehung sich auf die Kraft- und Schnellkraftleistungen auswirken
- allerdings nicht genau, da die Personen keine Sprungspezialisten sind

Ferner & Moritz (2017, S. 61-66)          Wiemeyer (2003)

# 6 Literaturverzeichnis

Chwilkowski, C. (2006). *Medizinisches Koordinationstraining - Verbesserung der Haltungs- und Bewegungskoordination durch Propriozeption* (2. Aufl.). Köln: Deutscher Trainer Verlag.

Janda, V. (2000). *Manuelle Muskelfunktionsdiagnostik* (4. Aufl.). München: Urban und Fischer.

Ferner, K. & Moritz, C. (2017). *Effekte unterschiedlicher Kompensationsmaßnahmen nach statischem Dehnen. Deutsche Zeitschrift für Sportmedizin*, 68 (3), 61-66. Zugriff am 10.12.17. Verfügbar unter http://www.zeitschrift-sportmedizin.de/artikel-online/archiv-2017/heft-3/effekte-unterschiedlicher-kompensationsmassnahmen-nach-statischem-dehnen/

Freiwald, J. (2000). Dehnen im Sport und in der Therapie. *Die Säule, 4* (1), 28-33.

Freiwald, J. (2004). *Dehnen - Legenden, Fakten. Vortragsskript,* Waldenburg.

Häfelinger, U. & Schuba, V. (2007). *Koordinationstherapie - propriozeptives Training* (3. Aufl.). Aachen: Meyer & Meyer.

Hohmann, A., Lames, M. & Letzelter, M. (2002). *Einführung in die Trainingswissenschaft* (2. Aufl.). Wiebelsheim: Limpert.

Rancour, J., Holmes, C. F. & Cipriani, D. J. (2009). The effects of intermittent stretching following a 4-week static stretching protocol: a randomized trial. *Journal of Strength and Conditioning Research, 23* (8), 2217-2222.

Schönthaler, S. R. & Ohlendorf, K. (2002). *Biomechanische und neurophysiologische Veränderungen nach ein- und mehrfach seriellem passiv-statischem Beweglichkeitstraining.* Köln: Sport und Buch Strauß.

Sölveborn, S.-A. (1983). *Das Buch vom Stretching. Beweglichkeitstraining durch Dehnen und Strecken.* München: Mosaik.

Wiemeyer, J. (2003). *Dehnung und Leistung - primär psychophysiologische Entspannungseffekte ? Deutsche Zeitschrift für Sportmedizin,* 54 (10). Zugriff am 10.12.2017. Verfügbar unter http://www.zeitschrift-sportmedizin.de/fileadmin/content/archiv2003/heft10/a03_10_03.pdf

# 7 Tabellenverzeichnis